Was ist das bloß für ein Krach? Es scheppert und schlägt, es bimmelt und läutet. Emil und Paula, die Feriengäste, wundern sich. Gibt es hier eine Baustelle? Oder Autos und Motorräder? Ratlos stehen die beiden da. Ach, da kommt ja eine Kuh um die Ecke! Dann noch eine und noch eine, es werden immer mehr. Sie sind geschmückt mit Sonnenblumen, Fähnchen und schweren Glocken. Daher also der Lärm. Es ist Almabtrieb!

1 Lass dir den Text diktieren.

0 Fehler: 5 P. 1 F.: 4 P. 2 F.: 3 P.
3 F.: 2 P. 4 – 5 F.: 1 P.

Trage hier deine Punkte ein!

2 Unterstreiche alle Wörter, die großgeschrieben werden müssen.

HILFE, SO EIN LÄRM! SCHWERE
BAGGER SCHIEBEN ERDE. LASTER
BRINGEN SIE FORT. SOGAR AM
WOCHENENDE WIRD GEARBEITET.
DOCH BALD STEHT DAS NEUE HAUS.

10 P.

Von 15 Punkten habe ich [ ] Punkte erreicht.

Auf den Rückseiten dieser Blätter findest du viele Tipps und Hinweise, die dir bei den Test-Aufgaben helfen.

Tipp:

Wenn du dir doch ein bisschen unsicher sein solltest, welche Wörter du großschreiben musst, schau dir einfach einige Texte in deinem Lesebuch, deinem Sprachbuch oder in einem anderen Buch an, das du gerade liest.

Überlege, welche der großgeschriebenen Wörter Namenwörter sind und welche nur großgeschrieben sind, weil sie am Anfang eines Satzes stehen.

Mit deinen Zähnen kannst du Lebensmittel zerkleinern. Einige Zähne sind zum Abbeißen, andere sind zum Kauen geeignet. Zweimal in seinem Leben bekommt der Mensch Zähne. Das vollständige Gebiss eines Erwachsenen besteht aus acht Schneide- und vier Eckzähnen, acht Backen- und zwölf Mahlzähnen.

Die Zähne müssen gepflegt werden. Das Reinigen ist manchmal lästig, aber es muss sein, wenn du deine Zähne lange gesund halten willst. Gründliches Säubern des Gebisses verhindert das Faulwerden der Zähne. Regelmäßiges Bürsten von Zähnen und Zahnfleisch ist also sehr wichtig.

1 Im Text werden sechs Zeitwörter als Namenwörter verwendet. Unterstreiche sie mit dem davorstehenden Wort.

6 P.

2 Groß- oder kleingeschrieben?

a) Das ___aufen macht Spaß. b) Wir ___aufen nach Hause. c) Nina muss oft ___achen. d) Das ___achen der Mutter klang bis in den Garten.

6 P.

Von 12 Punkten habe ich (Punkte) erreicht.

Tipp!

Du siehst im Text auf der Vorderseite, dass hier einige Zeitwörter als Namenwörter gebraucht werden. Schau sie dir ganz genau an, besonders auch die kleinen Wörter, die davorstehen. Denn diese zeigen dir an, ob ein Zeitwort als Namenwort gebraucht wird.

Denk dir als zusätzliche Übung ein paar Zeitwörter aus. Verwandle sie mithilfe dieser Wörtchen in ein Namenwort: *beim, vom, das, sein, mein, seltenes, heftiges ...*

Seit zwei Wochen ist Lena in Kur, weil sie zu dick ist. Oft geht sie mit den anderen Kindern ins Freie, um zu klettern, zu springen und zu spielen. Manchmal wandern sie ins Grüne. Dann laufen sie durch Wälder und Wiesen. Anschließend gibt es etwas Warmes oder Kaltes zu trinken. Das hängt vom Wetter ab.
Lena fühlt sich hier sehr wohl, obwohl sie die Jüngste ist. Heute hat sie Geburtstag. Für das neue Lebensjahr wünschen ihr alle viel Gutes.

1 Schreibe den Text als Laufdiktat (siehe Rückseite).

0 Fehler: 5 P. 1 F.: 4 P. 2 F.: 3 P. 3 F.: 2 P.

4 – 5 F.: 1 P.

2 Bilde aus dem Eigenschaftswort ein Namenwort.

Der kranke Mann: ______________________

Die armen Leute: ______________________

Es gibt nichts, was hässlich ist:

____

Es gibt vieles, was neu ist:

______________________ 6 P.

Von 11 Punkten habe ich (Punkte) erreicht.

Tipp!

Schau dir auf dieser Seite noch einmal genau an, welche Eigenschaftswörter als Namenwörter gebraucht werden. Schau dir auch die Wörter an, die direkt davorstehen. An ihnen erkennst du, ob das Eigenschaftswort als Namenwort gebraucht wird.

Lege dir ein Heft an, in dem du solche schwierigen Rechtschreibfälle sammelst.

Und so geht das Laufdiktat:

Lege den Diktattext auf die Fensterbank. Du kannst dieses Blatt auch abreißen und in dein Zimmer an die Wand hängen. Lies immer einen Satz. Lauf dann zu deinem Heft, das auf dem Tisch liegt, und schreibe den Satz auf.

Liebe Frau Palmen!

Seit zwei Wochen bin ich mit meinen Eltern im Tessin. Denken Sie nur, wir haben schon vier große Wanderungen gemacht. Sie können sich kaum vorstellen, wie einsam es hier in manchen Tälern ist.

Wie geht es Ihrem Baby? Gestern habe ich meiner Freundin ein Foto von Ihnen und Ihrer kleinen Lilly gezeigt. Da hat sie gesagt, dass sie Lilly und Sie sehr nett findet.

Liebe Grüße,

Ihre Eva

1 Unterstreiche in diesem Text die Anredefürwörter. 7 P.

2 Dies sind Sätze aus einem Brief.
Ergänze die Anredefürwörter.

dein   dich   ihr   euch   du

Hallo, könnt __________ __________ noch an mich

erinnern? Susi, weißt __________ noch, wie mein

Hund __________ Gesicht abgeleckt hat? Er mochte

__________ wohl besonders gern. 5 P.

Von 12 Punkten habe ich (Punkte) erreicht.

Tipp!

Bestimmt schreibst du manchmal einen Brief, eine Postkarte oder eine E-Mail.

Schau in deinem Sprachbuch nach, wie du Anredefürwörter bei Personen schreibst, zu denen du *du* sagst und wie das mit den Anredefürwörtern bei Personen ist, zu denen du *Sie* sagst. Weißt du noch den Unterschied?

Es war gestern Mittag, als Jasmin und ihre Eltern in der Raststätte Spessart eine Pause einlegten. Als sie ausstiegen, kam eine Wespe angeflogen und stach Jasmin in den Hals. Sie schrie auf und spürte, wie die Einstichstelle anschwoll. Schnell strich die Mutter Salbe auf die Wunde. Das kühlte. Schon am Abend war die Schwellung zurückgegangen. Heute Morgen hatte Jasmin dieses Ereignis schon fast wieder vergessen.

1 Lass dir den Text diktieren.

0 Fehler: 5 P. 1 F.: 4 P. 2 F.: 3 P. 3 F.: 2 P.

4 – 5 F.: 1 P.

2 Groß oder klein? Ergänze die Anfangsbuchstaben.

Ich gehe morgen ___ittag zu meiner Oma. Pit hat gestern ___bend gebastelt. Ich gehe oft ___ittags zu meinem Opa. Wir schreiben ___orgen einen Test.

6 P.

Von 11 Punkten habe ich (Punkte) erreicht.

Tipp!

Lies dir das Diktat noch einmal sorgfältig durch, und überlege gut, nach welchen Wörtern du Angaben zur Tageszeit großschreibst.

Versuche in den Tageszeitungen ähnliche Verbindungen wie *gestern Nachmittag*, *morgen Vormittag* usw. zu finden.

Spielideen:

- Wenn du an einem Tag mehr als zwei Beispiele in der Zeitung findest, hast du ein paar Gummibärchen verdient!
- Wenn du mit deiner Freundin oder deinem Freund um die Wette suchst, darf derjenige, der zuerst zwei Beispiele gefunden hat, das nächste Spiel bestimmen.

Frau Schulz und die Kinder Julia, Paula und Moritz erholten sich nach einem Einkaufsbummel in einem Eiscafé. Das Café war gut besucht, aber ein paar Stühle waren noch frei.

Während sie auf ihr Eis warteten, schauten sie sich ihre Einkäufe an. Julia hatte sich ein Paar Schuhe gekauft und Paula ein Paar gestreifte Strümpfe. Moritz hatte endlich ein neues Paar Schlittschuhe erstanden, und Frau Schulz freute sich über ein Paar Handschuhe. Alle waren sehr zufrieden.

1 Unterstreiche im Text *paar* blau und *Paar* rot. 5 P.

2 *Paar* oder *paar*?

ein __________ Pantoffeln, ein __________ Murmeln,

ein __________ Blumen, ein __________ Socken,

ein __________ Tassen, ein __________ Ohrringe 6 P.

Von 11 Punkten habe ich (Punkte) erreicht.

Tipp!

Das ist gar nicht so einfach, denkst du? Aber du wirst *Paar* oder *paar* immer richtig schreiben, wenn du dir klargemacht hast, was mit *Paar* gemeint ist.

Achte in den nächsten Tagen auf Dinge, die ein *Paar* bilden. Sicher wirst du mehrere *Paare* in deiner Wohnung finden. Merke dir, dass du Paare dieser Art immer gleich schreibst, nämlich ...

Tiere haben Tränendrüsen wie wir, damit die Augen feucht bleiben. Es wird immer wieder behauptet, dass Tiere wie Elefanten oder Kamele weinen, wenn sie ängstlich oder traurig sind. Aber das entspricht nicht der Wahrheit. Nach dem Verschlingen von größerer Beute müssen zum Beispiel Krokodile ihr Maul so kräftig zudrücken, dass ihnen dabei manchmal die Tränen in die Augen steigen. Wenn man von jemandem also sagt, dass er Krokodilstränen weint, dann will man damit sagen, dass er gar nicht wirklich traurig ist.

1 Lass dir den Text diktieren.

0 Fehler: 5 P. 1 F.: 4 P. 2 F.: 3 P. 3 F.: 2 P.

4 – 5 F.: 1 P.

2 *ä* oder *e*?

Erz___hlung w___hrend Sch___del

m___rken G___rtner Gel___nk Kr___nze 7 P.

Von 12 Punkten habe ich (Punkte) erreicht.

Tipp!

Suche zu Wörtern mit *ä* verwandte Wörter mit *a*. Findest du welche? Wenn ja, schreibe dir einige davon in dein Merkheft.

Versuche, möglichst immer deutlich zu sprechen. Das hilft beim Schreiben von Wörtern mit *ä* oder *e* sehr.

In den Regenwäldern von Mittel- und Südamerika lebt ein sonderbarer Zeitgenosse, das Faultier. Zwanzig Stunden am Tag hängt es mit seinen langen hakenförmigen Klauen an einem Ast. Du findest es mit dem Rücken nach unten hängend und schlafend.

Weder Sonne noch Wind oder Regen verführen es zu schnellen Bewegungen. Sich ganz langsam bewegend sucht und frisst es Früchte und Blätter. Nur selten wechselt es den Baum. Oft siedeln sich Algen in seinem Fell an, das dadurch grünlich schimmert und das Faultier gut tarnt.

1 Lass dir den Text diktieren.

0 Fehler: 5 P. 1 F.: 4 P. 2 F.: 3 P. 3 F.: 2 P.

4 – 5 F.: 1 P.

2 *d* oder *t* im Auslaut?

Han___ Wel___ Mon___ Wal___

wei___ Kin___ wil___ kal___

8 P.

Von 13 Punkten habe ich ___ Punkte erreicht.

Tipp!

Bei Wörtern mit *d* oder *t* am Ende kann dir deutliches Sprechen helfen. Aber leider nicht immer.

Deswegen ist es manchmal nötig, das Wort zu verlängern, zum Beispiel so: Land – Länder, Wort – Wörter, laufend – laufende.

Gleich neben dem uralten Kirchturm steht ein mächtiger, alter Kirschbaum. Wenn der Turmfalke erscheint, flüchten sich schnell viele Vögel in seine schützenden Zweige.

Im Sommer naschen sie dort ebenso gern wie die Kinder des Dorfes. Der alte Pastor schaut lächelnd zu, wenn sich die Mädchen und Jungen hoch hinaufwagen, um die herrlichen Früchte zu holen. Welch eine Mutprobe! Und wie diese Kirschen schmecken! Besser als alle gekauften Kirschen dieser Welt.

1 Lass dir den Text diktieren.

0 Fehler: 5 P. 1 F.: 4 P. 2 F.: 3 P. 3 F.: 2 P.

4 – 5 F.: 1 P.

2 *ch* oder *sch*?

a) ein spannendes Bu_____

b) unter dem Fliederbu_____

c) Der Wasserfall rau_____t.

d) Pfeife rau_____en

e) der Kir_____baum

6 P.

Von 11 Punkten habe ich ____ Punkte erreicht.

Tipp!

ch oder *sch*? Hier hilft nur deutliches Sprechen. Am besten sprichst du die Wörter beim Diktieren leise vor dich hin.

Achte auch sonst auf deutliches Sprechen, denn dann fällt dir das Lesen, Verstehen und Schreiben in der Schule viel leichter.

Spielidee:

Wenn ihr zu mehreren seid, könnt ihr im Wörterbuch Wörter mit *ch* und *sch* suchen. Wer zuerst drei mit *ch* und drei mit *sch* gefunden hat, darf die nächsten Laute angeben, zu denen Wörter gesucht werden (z. B. zu *ä* und *e* oder zu *äu* und *eu* ...).

Kolibris sind die kleinsten Vögel der Welt. Sie ernähren sich von Nektar, den sie aus vielen bunten Blüten saugen. Dazu benutzen sie ihren langen Schnabel, den sie tief in die Blüten eintauchen. Die vielfarbigen Kolibris können sich nicht nur vorwärts und nach oben oder unten bewegen. Sie können sogar in der Luft stehenbleiben und rückwärts- und seitwärtsfliegen. In der Sekunde schlagen sie oft fünfzig- bis achtzigmal mit den Flügeln.

1 Schreibe den Text als Laufdiktat (siehe Rückseite).

0 Fehler: 5 P. 1 F.: 4 P. 2 F.: 3 P. 3 F.: 2 P.

4 – 5 F.: 1 P.

2 *f* oder *v*?

___allen ___ort ___orspringen ___iel

___ilmen ___erschieben ___link

7 P.

Von 12 Punkten habe ich (Punkte) erreicht.

Tipp!

Zwischen *f* und *v* kannst du oft keinen Unterschied hören. Da bleibt dir nichts anderes übrig, als Wörter mit diesen ähnlichen Lauten zu üben und sie gut einzuprägen.

Und so geht das Laufdiktat:

Lege den Diktattext auf die Fensterbank. Du kannst dieses Blatt auch abreißen und in deinem Zimmer an die Wand hängen. Lies immer einen Satz. Lauf dann zu deinem Heft, das auf dem Tisch liegt, und schreibe den Satz auf.

Letztes Jahr im Mai verbrachte Kai seine Ferien bei seiner Großmutter. Dreimal gab es in den ersten beiden Wochen Maissuppe und viermal Spinat. „Spinat ist gesund, denn da ist Eisen drin“, behauptete die Oma. „Ich glaube, da würde ich lieber Reißzwecke essen, wenn die nicht so pieken würden“, erklärte Kai.

Dann las er in einem Gesundheitslexikon, dass Spinat gar nicht so viel Eisen enthält, ja, dass Schokolade sogar viel mehr Eisen enthält! Wer hätte das gedacht?

1 Lass dir den Text diktieren.

0 Fehler: 5 P. 1 F.: 4 P. 2 F.: 3 P. 3 F.: 2 P.

4 – 5 F.: 1 P.

2 *ai* oder *ei*?

der M____s das B____n das W____senkind

die Geigens____te der St____n der H____fisch 7 P.

Von 12 Punkten habe ich (Punkte) erreicht.

Tipp!

Es gibt nur wenige Wörter mit *ai*. Am besten sammelst du sie in deinem Heft und lernst sie auswendig.

Lass sie dir hin und wieder diktieren, damit du sie nicht vergisst. Du kannst sie auch mit dem Karteikasten üben.

Üben mit dem Karteikasten

Der Karteikasten besteht aus fünf Fächern. Schneide dir passende Kärtchen oder Zettel.

Auf die Vorderseite der Zettel schreibst du das Wort, das du lernen willst. Diese Zettel kommen in das Fach 1.

Dieses Fach schaust du dir jeden Tag an. Dazu nimmst du den Zettel, liest das Wort und schreibst es auf.

Wenn du es richtig gemacht hast, wandert der Zettel ins Fach 2, später ins Fach 3, dann Fach 4 und so weiter. Wenn du einen Fehler machst, wandert er zurück ins Fach davor. Alle richtig geschriebenen Wörter wandern auf diese Weise in das nächste Fach.
Wenn sie im letzten Fach angekommen sind, kannst du sie bestimmt schreiben. Dann darfst du diese Zettel wegwerfen.

Und so sieht der Kasten aus:

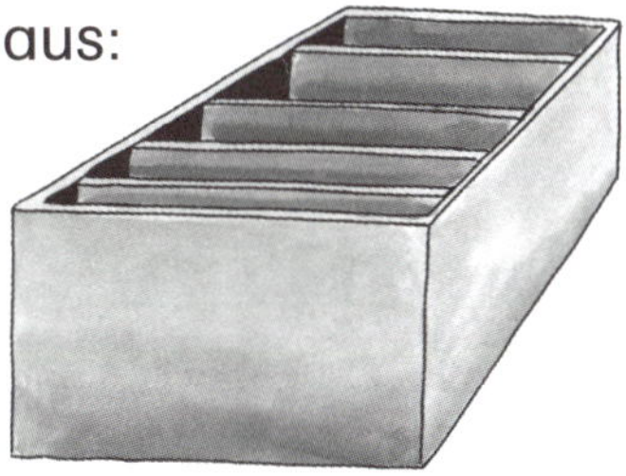

Es ist November. Wolfgang und seine Schwester Vera sind mit ihren Eltern in Neapel. Gestern hatten sie ängstlich von der Veranda ihres Hotelzimmers aus den mächtigen Vulkan Vesuv betrachtet.

Heute haben sie die Ruinenstadt Pompeji mit Straßen, Villen und Museum besucht. Pompeji wurde im Jahre 79 nach der Zeitenwende durch einen gewaltigen Ausbruch des Vesuvs vollkommen verschüttet, und die meisten Einwohner verloren dabei ihr Leben.

1 Unterstreiche im Text alle Wörter, in denen das *V/v* wie *w* gesprochen wird. 7 P.

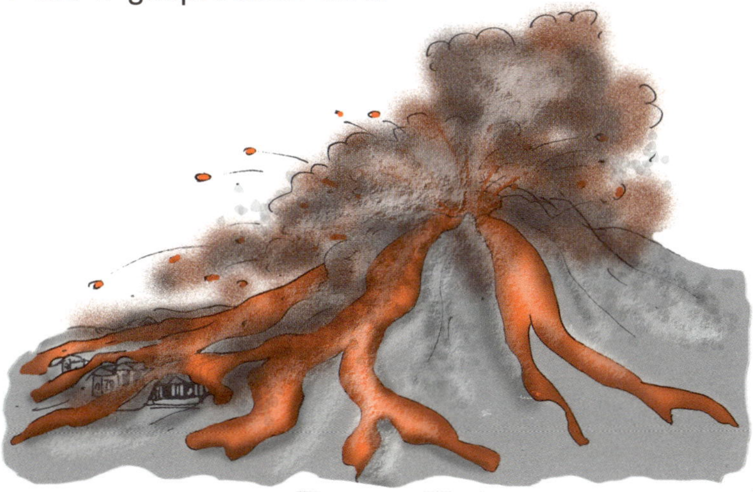

2 *W/w* oder *V/v*?

___üste	___ase	Kla___ier	___agen
___entil	___itz	Skla___e	___iolett

10 P.

Von 17 Punkten habe ich [Punkte] erreicht.

Tipp!

Es gibt eine kleine Gruppe von Wörtern, bei denen das *v* wie *w* gesprochen wird. Diese kommen meistens aus der lateinischen Sprache. Es sind nicht allzu viele.

Diese Wörter sammelst du am besten in einem Heft für schwierige Rechtschreibfälle und lernst sie auswendig. Dann kann nichts mehr schiefgehen!

Spielidee:

Lies ein Buch über die Römer. Dort findest du vermutlich in den Texten mehrere Wörter, bei denen das *v* wie *w* gesprochen wird.

Die Zwillinge Max und Nora durften gestern einen Riesentanker besichtigen. Dazu mussten sie mit einem kleinen Schiff ein Stück weit fahren, denn der lang gestreckte Tanker lag an einem vorgelagerten Pier.

Pünktlich um 10 Uhr lichtete das kleine Schiff die Anker und legte ab. Die Kinder waren erstaunt über die riesigen Ausmaße des Tankers, die großen Räume und die langen Gänge. Sie beobachteten, wie die Schiffsbesatzung an Bord Fahrräder benutzte, um die weiten Wege zurückzulegen.

1 Schreibe den Text sorgfältig ab.

0 Fehler: 5 P. 1 F.: 4 P. 2 F.: 3 P. 3 F.: 2 P.

4 – 5 F.: 1 P.

2 *ng* oder *nk*?

die Za_____e das Geträ_____ a_____eln

der Wi_____el der Fi_____er kra_____ 6 P.

Von 11 Punkten habe ich (Punkte) erreicht.

Tipp!

Auch bei Wörtern mit *ng* oder *nk* hilft es dir am meisten, wenn du deutlich sprichst und beim Schreiben leise mitsprichst.

Wenn du dir bei kurzen Wörtern wie *bang* oder *flink* unsicher bist, verlängerst du diese am besten, z. B.: bang – bange, flink – flinker.

Mark und Lena sitzen in London in einem der vielen Busse. Mit verschiedenen Buslinien fahren sie von Endstation zu Endstation. Auf diese Art erkunden sie die riesige Stadt. Es ist herrlich, ganz entspannt im Bus zu sitzen, die Gebäude und den vielen Verkehr zu betrachten. Oft fahren die Busse endlos lange Strecken bis zu ihrem Endziel. Nie hätten sie sich solche Entfernungen vorstellen können.

1 Lass dir den Text diktieren.

0 Fehler: 5 P. 1 F.: 4 P. 2 F.: 3 P. 3 F.: 2 P.

4 – 5 F.: 1 P.

2 *end-* oder *ent-*?

______hüllen be______en ______gleisen

______gültig ______täuschen un______lich 6 P.

Von 11 Punkten habe ich [Punkte] erreicht.

Tipp!

Mit welchem Wort hat die Vorsilbe *end-* wohl immer zu tun? Du kannst es schnell erraten, wenn du dir noch einmal das Diktat durchliest.

Schau auch im Wörterbuch bei Wörtern mit *end-* und *ent-* nach. Lies sie laut, und achte darauf, welche Silbe du betonst. Lass dir die Wörter vorlesen, und hör genau hin. Dann kannst du den Unterschied gut wahrnehmen.

Spielidee:

Versuche mit anderen Kindern Sätze zu bilden, in denen möglichst viele Wörter mit *End-/end-* vorkommen. Wer den längsten sinnvollen Satz gefunden hat, ist Sieger.

Gestern Abend um sechs Uhr sahen Laura und Klaus eine Sendung über das Drehen von Filmen. Sie erfuhren eine ganze Menge über die Tricks, die dabei angewendet werden. Sie sahen, wie Experten mit Maschinen Wind und Unwetter erzeugen. Besonders gefährliche Szenen wie Flugzeugabstürze oder Explosionen werden mit winzigen Modellen gefilmt. Sie beobachteten, wie extragroße Ventilatoren Wellen aufpeitschten, die gegen ein Schiff krachten. Es war so spannend, dass sie vergaßen, ihre Kekse zu knabbern.

1 Unterstreiche oben die Wörter mit dem *ks*-Laut. 6 P.

2 *gs*, *ks*, *cks*, *chs* oder *x*?

unterwe_____ Kle_____ lin_____ Fu_____

mi_____en we_____eln Pra_____is 7 P.

Von 13 Punkten habe ich (Punkte) erreicht.

Tipp!

Du weißt sicher, dass der *ks*-Laut auf fünf verschiedene Arten geschrieben wird. Aber keine Panik! Die Anzahl der Wörter mit *ks*-Lauten ist sehr gering.

Lege dir eine Tabelle für Wörter mit dem *ks*-Laut an. Immer wenn dir eines begegnet, ergänzt du es in der richtigen Spalte. Diese Wörter lernst du dann am besten auswendig.

Schau im Wörterbuch nach, ob du auch Wörter findest, die mit *X* anfangen. Es gibt sogar Namen und ein bekanntes Instrument, das mit *X* anfängt!

Noch heute freut sich Paul über seine Erlebnisse in Ägypten im letzten Jahr. Was gab es da alles zu sehen! Immer wieder träumt Paul von den großen Gebäuden. Da waren die Pyramiden mit ihren langen Gängen. Und die Tempel mit ihren hohen, dicken Säulen, die mit Zeichen und Bildern geschmückt waren. In den Tempeln gab es Räume, in denen die Farben der Bilder leuchteten wie am ersten Tag.

1 Schreibe den Text als Laufdiktat (siehe Rückseite).

0 Fehler: 5 P. 1 F.: 4 P. 2 F.: 3 P. 3 F.: 2 P.

4–5 F.: 1 P.

2 *äu* oder *eu*?

L_____chter Str_____cher fr_____ndlich

Gem_____er Fr_____de _____ßerlich 7 P.

Von 12 Punkten habe ich ______ (Punkte) erreicht.

Tipp!

Beim Sprechen ist kein Unterschied zwischen *äu* und *eu* zu hören. Wenn du dir nicht sicher bist, ob du *äu* oder *eu* schreiben sollst, dann suchst du am besten nach einem verwandten Wort.

Wenn du ein verwandtes Wort mit *au* findest, dann schreibst du dein Wort mit *äu*.

Beispiel: Gem*äu*er – M*au*er.

Und so geht das Laufdiktat:

Lege den Diktattext auf die Fensterbank. Du kannst dieses Blatt auch abreißen und in deinem Zimmer an die Wand hängen. Lies immer einen Satz. Lauf dann zu deinem Heft, das auf dem Tisch liegt, und schreibe den Satz auf.

Spielidee:

Du nennst ein Wort mit *äu*, deine Freundin oder dein Freund muss ein bis zwei verwandte Wörter mit *au* dazu suchen. Wenn sie das nicht in einer Minute schaffen, müssen sie fünf Kniebeugen machen. Dann tauscht ihr.

Jans Eltern kommen von einer Reise nach Afrika zurück. Als sie alle bequem im Wohnzimmer sitzen, erzählt die Mutter: „Vor einer Woche sind wir über den Äquator gefahren. Das ist eine gedachte Linie um die Mitte der Erde. Diese Linie ist gleich weit vom Südpol und vom Nordpol entfernt. Sie teilt also die Erde in eine nördliche und eine südliche Halbkugel. Die Gebiete direkt am Äquator haben tropisches Klima. Hier war die Hitze für uns eine richtige Qual."

1 Lass dir den Text diktieren.

0 Fehler: 5 P. 1 F.: 4 P. 2 F.: 3 P. 3 F.: 2 P.

4–5 F.: 1 P.

2 *Qu* oder *qu*?

_____ecksilber _____adratisch _____aken

_____alle _____ietschen _____elle 7 P.

Von 12 Punkten habe ich [Punkte] erreicht.

Tipp!

Es gibt nicht allzu viele Wörter mit *Qu* und *qu*. Am besten lernst du sie auswendig.

Hast du schon mal ein Wort gesehen, dass mit *kw* geschrieben wird und oft von uns benützt wird? Schau in einem Wörterbuch nach, ob es das überhaupt gibt.

Spielideen:

Suche im Wörterbuch fünf Wörter mit *Qu* oder *qu*. Wenn du das nicht in drei Minuten schaffst, musst du wie eine Ente durch das Zimmer watscheln.

Das kannst du auch mit anderen Lauten machen. Wenn du mit deinen Freundinnen oder Freunden übst, denkt euch vorher aus, was derjenige machen muss, der seine Aufgabe nicht rechtzeitig schafft. Aber das, was ihr euch ausdenkt, darf nicht gefährlich oder kränkend sein.

So gut bin ich! Diktat 4. Schuljahr

Es ist Polterabend. Morgen wird Annes große Schwester heiraten. Pünktlich um 18 Uhr stehen die Gäste vor der Tür. Ausgelassen poltern sie herum und zerschmettern vor dem Haus altes Porzellan. Einige schwenken wild Besen und Kehrblech in ihren Händen. Jemand bläst Trompete, ein anderer pocht im Takt gegen ein Fenster. Blüten und Blumen fliegen durch die Luft. Annes Bruder steht auf dem Balkon und lässt bunte Bänder flattern. Die Stimmung ist prima.

1 Schreibe den Text als Dosendiktat (siehe Rückseite).

0 Fehler: 5 P. 1 F.: 4 P. 2 F.: 3 P. 3 F.: 2 P.

4 – 5 F.: 1 P.

2 *b* oder *p*?

tau___ O___st sie___zig lie___

plum___ hü___sch hal___

9 P.

Von 14 Punkten habe ich (Punkte) erreicht.

Tipp!

Es ist nicht immer einfach, *b* und *p* beim Hören zu unterscheiden. Deutliches Sprechen ist hier besonders hilfreich.

Das ist vor allem der Fall, wenn ein *B/b* oder ein *P/p* am Anfang eines Wortes stehen. Sollte das *b* oder *p* am Ende eines Wortes stehen, hilft dir das Verlängern: z. B. grob – grobe. Dann kannst du den Laut deutlich hören und unterscheiden.

Am besten übst du die Wörter, die du dir nicht merken kannst, mit dem Karteikasten. Schau auf der Rückseite von Blatt 11 nach, wie das geht.

Und so geht das Dosendiktat:

1. Schreibe den Text ab.
2. Schneide die einzelnen Sätze aus.
3. Lege sie geordnet vor dich auf den Tisch.
4. Lies den ersten Streifen.
5. Stecke diesen Streifen in die Dose.
6. Schreibe diesen Satz komplett auf.

So verfährst du mit allen Streifen.

Kai und Mia sitzen noch immer am großen Küchentisch. Kai nagt an einem Brötchen und malt, Mia macht ihre Hausaufgaben und rechnet.

Plötzlich hören die beiden ein merkwürdiges Geräusch. Es kommt von draußen. Schnell laufen sie zum offenen Fenster. Da sehen sie hoch oben am Himmel viele Kraniche ziehen. Es ist schön, sie so im Flug zu sehen. Wer hätte gedacht, dass sie heute noch so etwas Aufregendes erleben würden!

1 Schreibe das Diktat sorgfältig ab.

0 Fehler: 5 P. 1 F.: 4 P. 2 F.: 3 P. 3 F.: 2 P.

4 – 5 F.: 1 P.

2 *g* oder *ch*?

sie lie____t das Li____t er fra____t die Fra____t

die Na____t es na____t ganz sa____t sie sa____t 9 P.

Von 14 Punkten habe ich (Punkte) erreicht.

Tipp!

Deutliches Sprechen hilft bei Wörtern mit *g* oder *ch* am besten. Sammle Wörter, die fast gleich aussehen wie *sagt – sacht*, und schreibe sie in dein Heft für schwierige Rechtschreibfälle.

Du kannst diese Wörter auch mit dem Karteikasten üben. Schau auf der Rückseite von Blatt 11 nach, wie das geht.

Philipp war gerade mit Physik fertig, als seine jüngere Schwester Sophie ihn um Hilfe bat. Er sollte ihr ein Pflaster auf den linken Daumen kleben. Sie hatte sich geschnitten, als sie Pflaumen für den Pflaumenkuchen halbierte. Flink holte Philipp ein Pflaster aus dem Badezimmer. Er fand eines mit einem Pferdebildchen. Sophie freute sich riesig, denn Pferde waren ihre Lieblingstiere. Schon bald pfiff sie wieder fröhlich vor sich hin.

1 Schreibe den Text als Laufdiktat (siehe Rückseite).

0 Fehler: 5 P. 1 F.: 4 P. 2 F.: 3 P. 3 F.: 2 P.

4 – 5 F.: 1 P.

2 Unterstreiche die Wörter mit *Ph* oder *ph*.

Fahne Pflug Finger Strophe Reitpferd Pfahl

Alphabet Pferd Flugzeug Pharao Pfad Asphalt 4 P.

Von 9 Punkten habe ich Punkte erreicht.

Tipp!

Es gibt keine Regel zur Schreibung der fast gleich klingenden Mitlaute *f*, *pf* und *ph*.

- Die Wörter mit *ph* lernst du am besten auswendig. Schau im Wörterbuch nach, wie viele der *ph*-Wörter du schon kennst.
- Bei Wörtern mit *f* und *pf* achtest du am besten auf eine deutliche Aussprache. Das hilft oft. Du kannst aber auch versuchen, verwandte Wörter zu finden und zu vergleichen.

Und so geht das Laufdiktat:

Lege den Diktattext auf die Fensterbank. Du kannst dieses Blatt auch abreißen und in deinem Zimmer an die Wand hängen. Lies immer einen Satz. Lauf dann zu deinem Heft, das auf dem Tisch liegt, und schreibe den Satz auf.

Quietschend öffnete sich der Deckel des großen, schwarzen Sarges, der links in der Ecke stand. Ein Gespenst glitt heraus, durchsichtig wie feiner Nebel. Es flog im dunklen Kellergewölbe drei Runden, dann verschwand es lautlos durch das dicke Gemäuer.

Es war schon merkwürdig, ein Gespenst zu sein. Manchmal war es ja ganz lustig, herumzuspuken. Aber oft war das Gespenst auch traurig. Bekümmert setzte es sich auf eine Burgzinne und träumte in die dunkle Welt hinein.

1 Lass dir den Text diktieren.

0 Fehler: 5 P. 1 F.: 4 P. 2 F.: 3 P. 3 F.: 2 P.

4 – 5 F.: 1 P.

2 *g* oder *k*?

Bir___e Or___el star___ nir___ends

Fer___el besor___en Zwer___ Mar___t 8 P.

Von 13 Punkten habe ich (Punkte) erreicht.

Tipp!

- Bei Wörtern mit *g* oder *k* in der Mitte oder am Wortanfang hilft dir deutliches und leises Mitsprechen beim Schreiben sehr gut.
- Bei Wörtern, bei denen *g* oder *k* am Ende steht, ist es nicht immer einfach, durch das Hören zu erkennen, welchen Buchstaben du schreiben musst. Hier hilft es, wenn du zusätzlich das Wort verlängerst, z. B. stark – stärker.
- Wörter, die du dir gar nicht merken kannst, übst du am besten mit dem Karteikasten. Auf Blatt 11 (Rückseite) kannst du lesen, wie du damit arbeiten kannst.

So gut bin ich! Diktat 4. Schuljahr

Zornig stehen Alex und Paula am Fenster. Das ist nicht mehr spaßig. Seit drei Tagen ist das Wetter regnerisch, stürmisch und ungemütlich. Manchmal zeigt sich ein Sonnenstrahl, aber bald danach ziehen schon wieder dicke Wolken auf. Morgens ist es neblig und düster. Und das in den Ferien! Wie langweilig. Was sollen sie bloß machen?

1 Schreibe den Text als Laufdiktat (siehe Rückseite).

0 Fehler: 5 P. 1 F.: 4 P. 2 F.: 3 P. 3 F.: 2 P.

4 – 5 F.: 1 P.

2 *-ig*, *-lich* oder *-isch*?

wind_____ herr_____ eigent_____ sonn_____

engl_____ wöchent_____ gewalt_____ 7 P.

 Von 12 Punkten habe ich ____ Punkte erreicht.

Tipp!

Deutliches Sprechen hilft bei Wörtern mit den Endungen *-ig*, *-lich* oder *-isch* am meisten. Du kannst die Wörter auch verlängern, wenn du unsicher bist. Dann kannst du es besser hören: z. B. lustig – lustige.

Und so geht das Laufdiktat:

Lege den Diktattext auf die Fensterbank. Du kannst dieses Blatt auch abreißen und in deinem Zimmer an die Wand hängen. Lies immer einen Satz. Lauf dann zu deinem Heft, das auf dem Tisch liegt, und schreibe den Satz auf.

Spielidee:

Versuche selbst, Eigenschaftswörter mit diesen Endungen zu bilden. Suche dir einige Namenwörter aus Texten heraus (z. B. *Wolke*, *Sturm*, *Freund* ...), und versuche, neue Wörter zu zaubern.

Viele Menschen glauben, dass Kolumbus als erster Europäer den amerikanischen Kontinent betreten hat. Stattdessen waren es die Wikinger, die schon etwa um das Jahr 1000 an den Küsten Amerikas gelandet sind. Anstatt den Atlantik zu überqueren, waren sie mit ihren Booten von Island aus über Grönland zur Küste Kanadas gefahren.

Es dauerte aber noch viele Jahrhunderte, bis in Amerika Siedlungen und Städte gegründet wurden.

1 Lass dir den Text diktieren.

0 Fehler: 5 P. 1 F.: 4 P. 2 F.: 3 P. 3 F.: 2 P.

4–5 F.: 1 P.

2 Unterstreiche die Wörter mit *statt* grün.

Oberstadt stattgeben Stadtpark

Werkstatt Altstadt Raststätte

stattlich Hauptstadt Ruhestatt

5 P.

Von 10 Punkten habe ich ___ Punkte erreicht.

Tipp!

- Schau dir die Wörter mit *Stadt-* oder *-stadt* genau an. Du erkennst sicher, womit diese alle zu tun haben. Wenn du dir das klargemacht hast, passieren dir beim Schreiben bestimmt keine Fehler mehr. Suche selbst mithilfe eines Wörterbuches weitere Zusammensetzungen mit *Stadt-* oder *-stadt*.
- Es gibt nur wenige Wörter mit *Statt-* oder *-statt*.

So gut bin ich! Diktat 4. Schuljahr

Auf ihrer letzten Klassenfahrt entdeckte die 4a einen Bergbach. Welch ein erfrischender Anblick bei dem heißen Wetter! An manchen Stellen stürzte das Wasser schäumend über weiße Felsen. An anderen Stellen floss es sanft und breit dahin und lud zum Baden ein. Aber sicher weißt du, dass Bergbäche besonders kalt sind. Nur wenige Schüler konnten deshalb ein solch kaltes Bad wirklich genießen. Die meisten genossen es aber, auf einem der Felsen in der Sonne zu liegen und zu dösen.

1 Lass dir den Text diktieren.

0 Fehler: 5 P. 1 F.: 4 P. 2 F.: 3 P. 3 F.: 2 P.

4 – 5 F.: 1 P.

2 *ß* oder *ss*?

gie____en gego____en sie wei____

gewu____t sie rei____t geri____en 9 P.

Von 14 Punkten habe ich (Punkte) erreicht.

Tipp!

Lies die Wörter von Aufgabe 2 laut und deutlich. Hör genau hin! Es gibt da einen Unterschied.

Wie sprichst du den Selbstlaut vor *ß*?
Wie sprichst du den Selbstlaut vor *ss*?

- Lass auch andere Leute Wörter mit *ß* und mit *ss* sprechen, und hör dabei gut zu. Dann kannst du schnell erkennen, wie der Selbstlaut vor *ss* immer gesprochen wird.
- Schreibe dir vier bis fünf Wörter jeweils mit *ß* oder *ss* auf, und mache einen Strich unter den Selbstlaut, wenn er lang gesprochen wird. Setze einen Punkt darunter, wenn er kurz gesprochen wird.

Spielidee:

Nenn deiner Freundin oder deinem Freund ein Wort mit *ss* oder *ß*. Wird der Selbstlaut davor kurz gesprochen, muss der andere in die Luft springen, wird er lang gesprochen, darf er für einen Moment in die Hocke gehen.

Schau, dort am Rande der Waldwiese – eine Waldameisenstraße. Wie die Winzlinge flitzen, schleppen, zusammenstoßen und übereinanderklettern! Sie scheinen es sehr eilig zu haben. Und wie fleißig sie sind. Sie haben ihren Ameisenberg aus Kiefernadeln, Rindenstücken und anderen Pflanzenteilen gebaut. Wer hätte gedacht, dass die vielen Eingänge, die man dort sieht, ständig bewacht werden, und dass sie jeden Abend geschlossen werden? Und wusstest du, dass Waldameisen zu den nützlichsten Tieren des Waldes gehören? Sie fressen lebende und tote Insekten, auch Blattläuse.

1 Schreibe einen der beiden Abschnitte als Laufdiktat (siehe Rückseite).

0 Fehler: 5 P. 1 F.: 4 P. 2 F.: 3 P. 3 F.: 2 P.

4–5 F.: 1 P.

2 Ergänze *s*, *ß* oder *ss*.

a) Ich weiß, da___ es morgen regnen wird. 1 P.

b) Glaubst du, da___ du da___ Kind dort kennst? 4 P.

Von 10 Punkten habe ich (Punkte) erreicht.

Tipp!

Lies im Diktattext noch einmal die beiden Sätze, in denen *dass* vorkommt. Merke dir die Verwendung dieses Wortes, und versuche selbst ähnliche Sätze zu bilden.

Übe Wörter mit *s*, *ss* oder *ß* auch immer wieder mit dem Karteikasten. Auf der Rückseite des Blattes 11 kannst du lesen, wie du mit dem Karteikasten lernen kannst.

Und so geht das Laufdiktat:

Lege den Diktattext auf die Fensterbank. Du kannst dieses Blatt auch abreißen und in deinem Zimmer an die Wand hängen. Lies immer einen Satz. Lauf dann zu deinem Heft, das auf dem Tisch liegt, und schreibe den Satz auf.

Verlassen und vergessen stand die Vogelscheuche hinten im Garten. „Endlich ist es so weit“, flüsterte sie. „Endlich ist Halloween. Heute Nacht werde ich tanzen. Aber das weiß niemand. Das wird lustig.“ Sie lauschte in die Nacht hinein und wünschte sich einen Freund herbei. Huschte da nicht etwas Dunkles über die Wiese? Fast wurde sie ängstlich. Aber nur für einen Augenblick. Dann klatschte sie vor Freude in die Hände und erhob sich tanzend in die Luft.

1 Schreibe das Diktat sorgfältig ab.

0 Fehler: 5 P. 1 F.: 4 P. 2 F.: 3 P. 3 F.: 2 P.

4 – 5 F.: 1 P.

2 Schreibe in der dritten Person Einzahl.

trösten – er ______________, naschen –

sie ______________, pusten – er ______________,

waschen – sie ______________

4 P.

Von 9 Punkten habe ich (Punkte) erreicht.

Tipp!

Lies die Wörter mit *st* und *scht* im Diktat und bei Aufgabe 2 laut. Achte auf deutliches Sprechen. Dann kannst du den Unterschied zwischen diesen Lauten gut hören.

Max hat einen dicken Kürbis gekauft. Er will ihn aushöhlen und ein Gesicht einritzen. Dann wird er ein Licht hineinstellen, damit es schön unheimlich aussieht.

Schließlich ist morgen Halloween. Max wird sich als Gespenst verkleiden. Aber das ist sein Geheimnis, damit wird er alle überraschen. Die anderen haben ja keine Ahnung, welches Erlebnis Max ihnen bereiten wird!

1 Lass dir den Text diktieren.

0 Fehler: 5 P. 1 F.: 4 P. 2 F.: 3 P. 3 F.: 2 P.

4–5 F.: 1 P.

2 Bilde Wörter auf *-is* oder *-us*.

Ergebn____ Glob____ Hindern____

Krok____ Zeugn____ Zirk____ Omnib____ 10 P.

Von 15 Punkten habe ich (Punkte) erreicht.

Tipp!

Schau genau hin, mit wie vielen *s* die *is*- und *us*-Wörter am Wortende geschrieben werden. Merke dir das gut.

Immer wenn du einem Wort mit *-as*, *-is* und *-us* begegnest, schreibst du es in deine Wörtersammlung. Du wirst merken, dass es nicht viele Wörter mit diesen Endungen gibt. Lerne sie am besten auswendig.

Schau im Wörterbuch nach, wie die Mehrzahl gebildet wird. Dann weißt du, was dabei mit dem *s* am Wortende geschieht.

Auf dem Bauernhof nebenan leben zwei kleine, niedliche Ziegen. Jonas und Lena wollen sie immer wieder anschauen. Es wird ihnen dabei nicht langweilig. Manchmal spielen sie sogar mit ihnen.

Am Abend liest Jonas ein Buch über die Römer. Darin gibt es ein Bild von einem römischen Jungen, der auf einem kleinen Streitwagen steht und von einer Ziege gezogen wird. Das könnte ihm auch gefallen! Ob es sehr schwierig ist, so einen Wagen zu bauen und sich von einer Ziege ziehen zu lassen?

1 Schreibe die ersten fünf Sätze als Dosendiktat (siehe Rückseite).

0 Fehler: 5 P. 1 F.: 4 P. 2 F.: 3 P. 3 F.: 2 P.

4–5 F.: 1 P.

2 *ie* oder *ih*?

a) Er gibt ____m einen neuen Stift.

b) Der Turm ist sch____f.

c) Ich habe ____r mein Buch geliehen.

d) L____s diesen Br____f.

5 P.

Von 10 Punkten habe ich ____ Punkte erreicht.

Tipp!

Im Diktat und in der Aufgabe 2 erkennst du schnell, in welchen Wörtern das lange *i* mit einem *h* gekennzeichnet ist, nicht wahr?

Merke dir diese *ih*-Wörter. Es gibt nur wenige. Mithilfe eines Wörterbuches kannst du sie alle aufschreiben. Dann wirst du sie dir gut merken können.

Und so geht das Dosendiktat:

1. Schreibe den Text ab.
2. Schneide die einzelnen Sätze aus.
3. Lege sie geordnet vor dich auf den Tisch.
4. Lies den ersten Streifen.
5. Stecke diesen Streifen in die Dose.
6. Schreibe diesen Satz komplett auf.

So verfährst du mit allen Streifen.

Tim hat ein neues, spannendes Tierlexikon geschenkt bekommen. Jeden Abend liest er darin. Er findet vieles über Igel und Kaninchen. Aber am liebsten liest er über Tiger und Krokodile. Jetzt kann er sich gut vorstellen, dass hier in Europa vor langer Zeit der Säbelzahntiger mit seinen riesigen Eckzähnen gelebt hat. Einfach prima, dass in diesem Buch auch noch Fabeln und Gedichte über Tiere stehen!

1 Lass dir den Text diktieren.

0 Fehler: 5 P. 1 F.: 4 P. 2 F.: 3 P. 3 F.: 2 P.

4 – 5 F.: 1 P.

2 Wie viele Wörter mit einem lang gesprochenen *i* (kein *ie*!) findest du im Text?

____

6 P.

Von 11 Punkten habe ich (Punkte) erreicht.

Tipp!

Das ist nicht einfach: *ie*, *ih* oder einfach nur *i*? Wie du sicher bemerkt hast, wird das lang gesprochene *i* auf verschiedene Weise geschrieben.

Da ist es gut zu wissen, dass das lange *i* ohne Kennzeichnung recht selten ist.

Wenn du es besonders schlau anfangen willst, legst du dir eine Liste der Wörter mit langem *i* an. Diese übst du hin und wieder mit dem Karteikasten. Auf der Rückseite des Blattes 11 kannst du die Anleitung dazu lesen.

Oder du lässt dir immer wieder drei bis fünf solcher Wörter nennen, z. B. auf einem Spaziergang. Überlege dann, ob dort ein *ie*, ein *ih* oder nur ein langes *i* enthalten ist. Wenn du sechs Wörter richtig wusstest, hast du dir ein paar Gummibärchen verdient.

Du wirst sehen, bald bist du Weltmeister im Schreiben von diesen Wörtern.

Juhu, endlich hat es wieder geschneit! Marie aus Köln und Dirk aus Aachen stapfen durch den dicken, weichen Schnee. Er bedeckt den Rasen, die Zäune und die Blumenbeete. Er liegt überall. Als sie zum Hafen kommen, sehen sie, dass auch die Stege, Kaimauern und Boote weiß sind. Herrlich sieht das aus!

Marie macht viele Fotos von dieser herrlichen Schneelandschaft. Schließlich wird es den Kindern zu kalt. Sie gehen zu Marie nach Hause und freuen sich auf eine Tasse heißen Tee.

1 Schreibe alle Wörter mit doppelten Selbstlauten hier auf.

____

____

____ 6 P.

2 Findest du das passende Wort?

a) ein Gerät zum Wiegen: ___ ___ ___ ___ ___

b) ein Tiergarten: ___ ___ ___

c) Gegenteil von *voll*: ___ ___ ___ ___ 4 P.

Von 10 Punkten habe ich (Punkte) erreicht.

Tipp!

Zum Glück gibt es nicht viele Wörter mit *aa*, *ee* und *oo*.
Das ist gut so, denn dann kannst du die wenigen, die es gibt, gut auswendig lernen.

Versuche herauszufinden, was passiert, wenn du bei diesen die Verkleinerung mit *-chen* oder *-lein* bildest oder wenn du die Mehrzahl schreibst.

Spielidee:

Ein Wettspiel für unterwegs: Wer findet in drei Minuten die meisten Wörter mit *aa*, *ee*, *oo*?

Es gibt viel Verkehr. Täglich sehen, hören, riechen wir Fahrzeuge aller Art. Die einen sind schnell, die anderen sind langsam. Die einen sind groß, die anderen sind klein. Alle können gefährlich werden. Es hängt vom Fahrer ab, ob ein Fahrzeug Freude macht oder Unheil bringt. Leider hat schon manch einer seinen Leichtsinn mit dem Leben bezahlt.

1 Lass dir den Text diktieren.

0 Fehler: 5 P. 1 F.: 4 P. 2 F.: 3 P. 3 F.: 2 P.

4 – 5 F.: 1 P.

2 *e* oder *eh*, *a* oder *ah*?

Schw____n Arml____ne J____r bequ____m

k____ren vors____gen Ban____ne

Ausw____l Rückw____g K____n

11 P.

Von 16 Punkten habe ich ______ Punkte erreicht.

Tipp!

Das ist schwierig: *ah* oder nur *a*, *eh* oder nur *e*? Leider kannst du nicht hören, ob nach dem Selbstlaut ein Dehnungs-*h* geschrieben wird oder nicht. Du kannst dir nur merken, dass vor *l*, *m*, *n* und *r* meistens ein Dehnungs-*h* steht. Dir bleibt nichts anderes übrig, als die Wörter, die du dir gar nicht merken kannst, immer wieder mit dem Karteikasten zu üben.

Auf der Rückseite des Blattes 11 kannst du lesen, wie du mit dem Karteikasten umgehen kannst.

Oder du lässt dir immer wieder mal ein bis vier Wörter nennen und sagst, ob sie mit oder ohne Dehnungs-*h* geschrieben werden. Das geht ganz gut auf Spaziergängen oder bei Autofahrten. Wenn du irgendwo lange warten musst, kannst du dir mit solchen Übungen die Zeit vertreiben.

Spielidee:

Mache ein Wettspiel mit deinem Freund oder deiner Freundin: Wer findet im Wörterbuch am schnellsten zehn Wörter mit einem Dehnungs-*h*? Wer gewinnt, darf sie dem anderen diktieren.

Meine Freundin wohnt auf dem Bauernhof meiner Oma. Sie ist klein, hat kohlschwarze Federn, zwei gelbe Beine und auf dem Kopf einen kleinen, roten Kamm. Wenn ich komme, ist sie sehr froh. Dann kommt sie angerannt, und ich gebe ihr ein paar Maiskörner. Manchmal besucht sie Susi, das Fohlen, oder sie läuft zu Klara, Omas ältester Kuh. Es ist schon lustig dort auf dem Hof. Am liebsten würde ich dort wohnen.

1 Schreibe den Text als Dosendiktat (siehe Rückseite).

0 Fehler: 5 P. 1 F.: 4 P. 2 F.: 3 P.

3 F.: 2 P. 4–5 F.: 1 P.

2 *o* oder *oh*, *u* oder *uh*?

Nordp____l Zuckerr____r St____l

Turm____r Unterh____se Blumenk____l

K____gel Klatschm____n Bl____me

10 P.

Von 15 Punkten habe ich [Punkte] erreicht.

Tipp!

Gar nicht so einfach, *oh* oder nur *o*, *uh* oder nur *u*? Auch hier kannst du nicht hören, ob nach dem Selbstlaut ein Dehnungs-*h* geschrieben wird oder nicht.

Was kannst du nun tun, um möglichst viele Wörter richtig zu schreiben?

Du kannst täglich ein bisschen üben. Das muss nicht lange dauern und nicht immer schriftlich sein. Das kann auch mündlich geschehen, in der Badewanne, auf dem Weg zum Spielplatz, beim Einkaufen usw. Hauptsache, es macht Spaß, und es gibt dabei etwas zu lachen.

Lass dir dann Wörter nennen, die du buchstabierst, oder bei denen du nur sagst, ob sie mit einem Dehnungs-*h* oder mit langem oder kurzem Selbstlaut, mit *ss* oder *ß* usw. geschrieben werden.

Und so geht das Dosendiktat:

1. Schreibe den Text ab.
2. Schneide die einzelnen Sätze aus.
3. Lege sie geordnet vor dich auf den Tisch.
4. Lies den ersten Streifen.
5. Stecke diesen Streifen in die Dose.
6. Schreibe diesen Satz komplett auf.

So verfährst du mit allen Streifen.

Heute war ein schöner Tag. Seit zwei Stunden schaukelte unser kleines Segelschiff auf den Meereswellen. Es war herrliches Wetter. Ich döste vor mich hin, als unsere Mutter eine Überraschung ankündigte und nach unten verschwand. Was würde das nur sein? Ich überlegte und überlegte. Ja, was duftete da auf einmal so gut? Sollten das etwa heiße Waffeln sein?
Ja, tatsächlich, wunderbar!

1 Unterstreiche im Text die acht Wörter mit den doppelten Mitlauten. 8 P.

2 Ergänze *ff*, *ll*, *rr* oder *tt*.

Topfgri____e Bä____e

Ko____erdeckel Lö____el fü____ern

Que____e Gita____e Bu____er 8 P.

Von 16 Punkten habe ich (Punkte) erreicht.

Tipp!

Lies die unterstrichenen Wörter (bei Aufgabe 1) laut und deutlich. Wie wird der Selbstlaut vor den doppelten Mitlauten gesprochen? Kurz oder lang? Du kannst auch einen anderen Menschen die Wörter lesen lassen, z. B. deine Freundin oder deine Tante. Hör genau hin.

Schreibe dir die besonders schwierigen Wörter auf Karteikarten, und übe mit dem Karteikasten. Auf der Rückseite von Blatt 11 kannst du lesen, wie du damit umgehen kannst.

Spielideen:

- Du kannst auch mit deinem Freund oder deiner Freundin ein Wettspiel machen: Wer hat am schnellsten zehn Wörter mit *ff* oder *ll* oder *tt* usw. gefunden und aufgeschrieben?
- Lustig ist es auch, die Wörter mit dem Finger in die Luft zu schreiben und dabei von einem anderen „lesen" zu lassen.

Eine dicke Hummel summte und brummte vor Nikos Nase hin und her. Aber das störte ihn nicht. Schnell rannte er die Treppe hinunter und lief in den Garten. Dort wollte er nachsehen, ob endlich ein Frosch im Teich war.

Da sah er sie – eine Kreuzspinne. Sie hing an der Regenrinne, nicht weit entfernt von ihrem Netz, einem richtigen Kunstwerk aus feinsten, dünnen Fäden. Als Niko es entdeckte, flog gerade eine dicke Fliege hinein. Na, das konnte ja noch spannend werden!

1 Lass dir den Text diktieren.

0 Fehler: 5 P. 1 F.: 4 P. 2 F.: 3 P.

3 F.: 2 P. 4 – 5 F.: 1 P.

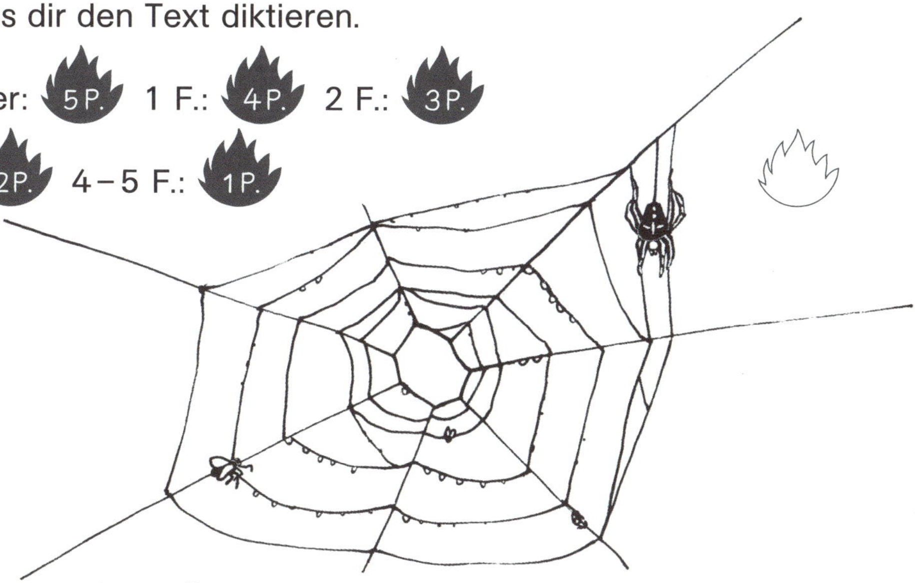

2 *mm*, *nn* oder *pp*?

das Wa_____en der Begi_____ der So_____er

die Kla_____e tre_____en schwi_____en 6 P.

Von 11 Punkten habe ich ______ Punkte erreicht.

Tipp!

Prüfe auch hier, ob ein kurzer oder ein langer Selbstlaut vor den doppelten Mitlauten steht. Dazu liest du die Wörter laut und deutlich, oder du lässt sie dir langsam gesprochen vorlesen. Wichtig ist, dass du genau hinhörst.

Spielideen:

- So macht das Üben von doppelten Mitlauten Spaß: Schreibe mit dem Finger deinem Freund oder deiner Freundin ein Wort mit einem doppelten Mitlaut auf den Rücken. Wenn er oder sie es errät, tauscht ihr die Rollen.
- Oder du sagst nur den Anfang eines Wortes mit einem doppelten Mitlaut, der andere muss es beenden. Er muss so lange Wörter suchen, bis er genau das Wort sagt, das du gemeint hast. Dann darf der andere weitermachen.
- Schau im Atlas nach Ortsnamen mit doppelten Mitlauten. Wie viele kannst du in zwei Minuten finden?

So gut bin ich! Diktat 4. Schuljahr

Seht nur, die Affen bekommen jetzt ihr Futter! Blitzschnell fliegen die Möhren, Paprikaschoten und Salatköpfe in das Gehege. Die Tiere stürzen los und schnappen sich die Nahrung. Dann setzen sie sich auf einen ruhigen Platz und genießen die Speisen.

Da klettert eine Affenmutter mit ihrem Baby im Arm ganz schnell auf die Spitze des Klettergestells. Die Zoowärterin wirft ihr etwas kleines Weißes zu. Kann das sein? Ist es wirklich ein Ei?

1 Schreibe den Text als Laufdiktat (siehe Rückseite).

0 Fehler: 5 P. 1 F.: 4 P. 2 F.: 3 P.

3 F.: 2 P. 4–5 F.: 1 P.

2 *z* oder *tz*?

Ka____e gan____ Wi____e Ker____e

Hi____e Pel____ beschü____en Brennhol____ 8 P.

Von 13 Punkten habe ich (Punkte) erreicht.

Tipp!

Wenn du dir die Wörter mit *z* und *tz* einmal genau anschaust, wirst du schnell erkennen, welche Art von Buchstaben immer vor dem *tz* steht. Sind es Selbstlaute oder Mitlaute?

Suche dir weitere Wörter mit *tz* aus dem Wörterbuch, und mache einen roten Klecks auf den Buchstaben, der unmittelbar davorsteht.

Dann wirst du bestimmt keinen Fehler mehr bei diesen Wörtern machen.

Und so geht das Laufdiktat:

Lege den Diktattext auf die Fensterbank. Du kannst dieses Blatt auch abreißen und in deinem Zimmer an die Wand hängen. Lies immer einen Satz. Lauf dann zu deinem Heft, das auf dem Tisch liegt, und schreibe den Satz auf.

Gleich hinter der letzten Häuserecke, neben den großen Birken, führt eine Hängebrücke über den Bach. Sie ist nur für Fußgänger. Der Boden besteht aus Gittern, sodass du nach unten auf den Bach sehen kannst. Wenn man heftig auftritt, schwankt die Brücke. Das macht manchen Leuten Angst.

Als ich gestern mit meinem Dackel über die Brücke gegangen bin, habe ich versucht zu hüpfen. Oje, da hat sie aber ziemlich gewackelt!

1 Lass dir den Text diktieren.

0 Fehler: 5 P. 1 F.: 4 P. 2 F.: 3 P. 3 F.: 2 P.

4 – 5 F.: 1 P.

2 *k* oder *ck*?

Heuschre____e Di____tat Zeichenblo____

Re____tor Do____tor Tischde____e

9 P.

Von 14 Punkten habe ich ____ Punkte erreicht.

Tipp!

Es ist nicht immer einfach, zu entscheiden, ob du ein *k* oder ein *ck* schreiben musst, nicht wahr?

- Leichter wird es, wenn du dir eine Wörtersammlung anlegst mit Wörtern, bei denen der Selbstlaut kurz gesprochen, aber trotzdem nur ein *k* geschrieben wird (z. B. Doktor). Davon gibt es nämlich nicht allzu viele Wörter. Lerne sie am besten auswendig. Dann weißt du, dass du bei anderen Wörtern immer ein *ck* hinter dem kurzen Selbstlaut schreiben musst.
- Schreibe die Wörter, die du üben willst, mal mit dem Finger auf den Rücken eines anderen oder mit dem Zeh auf den Boden oder ... Es ist nämlich wichtig, dass du für Abwechslung sorgst beim Üben, damit es nicht langweilig wird. Schließlich willst du ja auch deinen Spaß haben!

Pflanzen müssen nicht wie Tiere umherziehen und Futter suchen. Sie erzeugen ihre Nahrung selbst in ihren Blättern. Dazu brauchen sie Sonnenlicht, das die Blätter aufnehmen. Sie verwenden auch Kohlenstoffdioxid, das in der Luft vorhanden ist und durch Spaltöffnungen in die Blätter eindringt. Und sie benötigen Wasser, das sie aus dem Boden aufnehmen. Über den Stamm wird es bis zu den Blättern geleitet.

Nachts, wenn es dunkel ist, können Pflanzen keine Nahrung herstellen.

1 Trenne im Text die farbigen Wörter mit einem Rotstift.

5 P.

2 Trenne diese Wörter.

Himmel: ____________________

Affe: ____________________

Bagger: ____________________

Steppe: ____________________

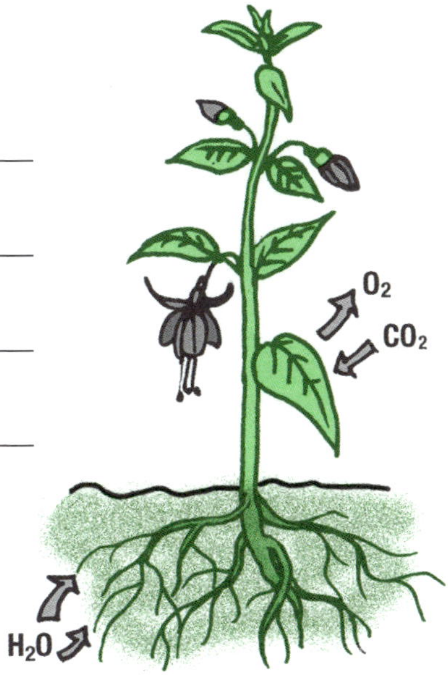

4 P.

Von 9 Punkten habe ich (Punkte) erreicht.

Tipp!

Wenn du die Aufgaben 1 und 2 gelöst hast, schau bei den Lösungen noch einmal genau, an welcher Stelle Wörter mit doppelten Mitlauten getrennt werden.

Anhand dieser Beispiele wirst du nun sicher eine Regel aufstellen können für die Trennung bei doppelten Mitlauten. Merke dir diese Regel, dann wirst du hierbei keine Fehler mehr machen. Ja, wenn alles so leicht wäre wie diese Regel, nicht wahr?

Katzen sind Raubtiere. Beim Jagen schleichen die meisten sich lautlos und geduckt an ihre Beute heran. Dann setzen sie zum Sprung an und versetzen ihrer Beute mit den scharfen Eckzähnen den Todesbiss.

Katzen sind auch gute Kletterer. Doch es kann immer wieder vorkommen, dass sie zu hoch klettern und den Abstieg nicht mehr wagen. Schau im Tierbuch nach, welche Tiere noch zur Katzenfamilie gehören. Du wirst bestimmt staunen.

1 Schreibe einen der beiden Abschnitte als Dosendiktat (siehe Rückseite). Trenne dabei die farbigen Wörter.

0 Fehler: 5 P. 1 F.: 4 P. 2 F.: 3 P. 3 F.: 2 P.
4–5 F.: 1 P.

2 Trenne die folgenden Wörter mit einem Rotstift.

Reste winzig singen Töpfe
laufen putzen Blume tanzen

8 P.

Von 13 Punkten habe ich Punkte erreicht.

Tipp!

Wenn du unsicher bist, wie du trennen sollst: Klatsche die Silben, und sprich laut dazu. Du siehst, es ist gar nicht so schwer, nicht wahr?

Merke dir die Regeln, wie Wörter mit nur einem und wie Wörter mit mehreren Mitlauten getrennt werden.

Und so geht das Dosendiktat:

1. Schreibe den Text ab.
2. Schneide die einzelnen Sätze aus.
3. Lege sie geordnet vor dich auf den Tisch.
4. Lies den ersten Streifen.
5. Stecke diesen Streifen in die Dose.
6. Schreibe diesen Satz komplett auf.

So verfährst du mit allen Streifen.

Kamele werden mit dem extremen Klima in der Wüste leicht fertig. Die meisten Kamele leben als zahme Last- und Reittiere bei ihren Besitzern. Sie helfen nicht nur bei der Arbeit, sondern sind auch Milch- und Fleischlieferanten. Ihre Haut wird zu Schuhen verarbeitet, ihre Wolle zu Kleidern, und der Kamelmist dient als Brennstoff.

Kamele können tagelang ohne Wasser auskommen. Du wirst nun ahnen, wie unentbehrlich diese Tiere für die Wüstennomaden sind.

1 Lass dir den Text diktieren. Trenne dabei selbstständig die farbigen Wörter.

0 Fehler: 5 P. 1 F.: 4 P. 2 F.: 3 P.
3 F.: 2 P. 4 – 5 F.: 1 P.

2 Zerlege mit einem Strich in Silben.

Zahlen Zähne Fohlen Lehrer

bohren Hühner stehlen Uhren 8 P.

Von 13 Punkten habe ich (Punkte) erreicht.

Tipp!

Schau dir genau an, an welcher Stelle das Dehnungs-*h* steht, wenn ein Wort getrennt wird.

Suche im Wörterbuch weitere Wörter mit diesem stummen *h*, und trenne sie zur Übung.

Spielidee:

Auch hier kannst du wieder mit deinem Freund oder deiner Freundin um die Wette suchen. Wer zuerst fünf Wörter gefunden hat, darf sie dem anderen diktieren. Der kann sie dann nach Silben getrennt aufschreiben.

Seit drei Stunden saßen wir am Meer, aßen dicke, rote Kirschen und lasen in unseren Büchern. Das war sehr angenehm. Aber gegen Mittag reichte es. Wir, mein Bruder und ich, wollten etwas anderes machen. Wir begannen, unsere Burg zu schmücken, die wir gestern gebaut hatten. Dazu sammelten wir Holzstücke, Muscheln und Steinchen. An den vier Ecken des Wassergrabens bauten wir kleine Türme und oben auf den Bergfried steckten wir eine Fahne. Fertig!

1 Trenne im Text die farbigen Wörter mit einem blauen Stift.

9 P.

2 Ergänze in dieser Regel: immer ein Laut

ch, *ck* und *sch* sind jeweils _____ _______.

Sie bleiben daher beim Trennen ___________ zusammen.

2 P.

Von 11 Punkten habe ich (Punkte) erreicht.

Tipp!

Wenn du dir die Regel bei Aufgabe 2 gut merkst, wird dir die Trennung bei Wörtern mit *ch*, *ck* oder *sch* leichtfallen.

Aber vielleicht brauchst du noch ein bisschen Übung? Dann lies die Wörter mit *ch*, *ck* oder *sch* langsam und laut. Klatsche dabei. Natürlich kannst du auch bei jeder Silbe hüpfen oder springen, wenn du willst.

Klaus, Anika und Susi laufen lachend in den Wald. Sie wollen Kastanien, Eicheln, Bucheckern und Blätter sammeln. Zu Hause wollen sie für Tante Lena, ihre Oma und für die alte Nachbarin schöne Dinge daraus basteln. Sie lachen, erzählen, springen und laufen zwei Stunden lang durch den Wald. Das macht Spaß!

1 Lass dir den Text mit Kommas diktieren. Unterstreiche anschließend alle Kommas.

0 Fehler: 5 P. 1 F.: 4 P. 2 F.: 3 P. 3 F.: 2 P.

4 – 5 F.: 1 P.

2 Ergänze die Kommas.

a) Lisa Maria Alex David und Max gehen schwimmen.

b) Sie tragen lila braune grüne und schwarze Badekleidung.

7 P.

Von 12 Punkten habe ich [ ] Punkte erreicht.

Tipp!

Wenn du die Aufgaben 1 und 2 gelöst hast, schau bei den Lösungen genau hin, an welchen Stellen ein Komma steht – und wo nicht.

Schreibe dir einen Beispielsatz in dein Merkheft für schwierige Rechtschreibfälle. Dann kannst du dort immer nachschauen, wenn du unsicher bist.

1 Ergänze Punkt, Fragezeichen oder Ausrufezeichen.

Die Kinder der Klasse 4a stehen vor den Giraffen im Berliner Zoo. Sie staunen und reden alle durcheinander. Das hört sich so an:

a) Die haben aber einen langen Hals__

b) Wie lang ist denn der Hals__

c) Ihr geschecktes Fell dient zur Tarnung__

d) Warum sind Giraffen so groß__

e) So ein langer Hals, wie unpraktisch__

f) Sind das die größten Tiere__

g) He, die sind vielleicht schön gemustert__

h) Wie groß sind denn Giraffen__

i) Komm her, Giraffe__

j) Giraffen leben in der afrikanischen Savanne__

13 P.

Von 13 Punkten habe ich (Punkte) erreicht.

Tipp!

Es geschieht sicher nur ganz selten, dass du nicht weißt, ob du einen Punkt, ein Frage- oder ein Ausrufezeichen setzen musst.

Du hast bestimmt ein Gefühl dafür, wann etwas gefragt, wann etwas ausgerufen oder wann etwas nur festgestellt oder erklärt wird. Manchmal ist auch beides möglich, ein Ausrufezeichen oder ein Punkt.

1 Ergänze die Satz- und Redezeichen.

__Die Wolken werden immer dunkler__ __
stellt Paul fest.

__Ob es gleich ein Gewitter gibt__ __ __
fragt Uta.

__Ist das gefährlich__ __ __ fragt Daniel.

__Oh, schau, es hat geblitzt__ __ __ ruft Kai.

__Wo sollen wir uns denn unterstellen__ __ __
fragt Anne.

__Ich habe Angst__ __ stellt Hanno fest.

__Du brauchst nicht bange sein__ __tröstet Jan.

__Wir warten dort in dem Wirtshaus, bis das
Gewitter vorüber ist__ __ sagt Vater.

__Tolle Idee__ __ __ ruft Emil.

9 P.

Von 9 Punkten habe ich ____ Punkte erreicht.

Tipp!

Diese letzte Aufgabe war sicher nicht einfach für dich, denn hier musstest du jeweils zwei Dinge beachten.

Du musstest die richtigen Satzzeichen, also Punkt, Frage- und Ausrufezeichen, setzen und auch die Redezeichen, die „Gänsefüßchen“ oder Anführungszeichen.

Merke dir einfach, dass alles Gesprochene in diese Anführungszeichen, gesetzt wird. Schau dir genau die Reihenfolge der Satz- und Redezeichen an.

Lösungen mit Auswertungen

Blatt 1

2. Großgeschrieben werden müssen alle Namenwörter und Satzanfänge: Hilfe, Lärm, Schwere, Bagger, Erde, Laster, Sogar, Wochenende, Doch, Haus

Blatt 2

1. zum Abbeißen, zum Kauen, Das Reinigen, Gründliches Säubern, das Faulwerden, Regelmäßiges Bürsten
2. a) Laufen (**2 P**), b) laufen, c) lachen, d) Lachen (**2 P**)

Blatt 3

2. der Kranke, die Armen, nichts Hässliches (**2 P**), viel Neues (**2 P**)

Blatt 4

1. Sie, Sie, Ihrem, Ihnen, Ihrer, Sie, Ihre
2. ihr, euch, du, dein, dich
   Richtig ist auch die Großschreibung der Anredefürwörter.

Blatt 5

2. morgen Mittag (**2 P**), gestern Abend (**2 P**), mittags, morgen

Blatt 6

1. **blau:** ein paar Stühle; **rot:** ein Paar Schuhe, ein Paar gestreifte Strümpfe, ein neues Paar Schlittschuhe, ein Paar Handschuhe
2. ein Paar Pantoffeln, ein paar Murmeln, ein paar Blumen, ein Paar Socken, ein paar Tassen, ein Paar Ohrringe

Auswertung für den Bereich „Groß- und Kleinschreibung" (Blätter 1 bis 6):

Trage hier deine Punkte ein. Zähle sie zusammen, und schau nach, wie gut du bist!

Blatt 1: _____ Blatt 3: _____ Blatt 5: _____ Blatt 6: _____

Blatt 2: _____ Blatt 4: _____

Von insgesamt **72** Punkten habe ich  erreicht.

72 bis 66 Punkte:
Prima, das hast du wirklich sehr gut gemacht! Du bist schon sehr sicher in der Groß- und Kleinschreibung. Weiter so!

65 bis 51 Punkte:
Das war gut! Du kannst zufrieden mit dir sein. Aber einfach ist das nicht mit der Groß- und Kleinschreibung, nicht wahr? Schau dir die Blätter 1 bis 6 in den nächsten Tagen noch einmal an. Mach die Übung, die dir am schwersten fiel, noch einmal. Suche dann selbst zwei oder drei ähnliche Beispiele dazu. Du kannst z. B. Paare in deiner Umgebung suchen und aufschreiben. Wenn du Schwierigkeiten bei der Großschreibung der Zeitwörter hattest, schau dir verschiedene Gegenstände an, und überlege, wozu du sie brauchst: z. B. Ich brauche eine Bürste zum Bürsten ...

weniger als 51 Punkte:
Du hast dich tapfer durch diese sechs Blätter gearbeitet. Fein! Das war nicht leicht für dich. Setze dich hin und wieder mit einem Erwachsenen zusammen, und übe noch ein bisschen. Dazu kannst du entweder diese Test-Aufgaben noch einmal machen, oder du bittest den Erwachsenen, sie etwas abzuändern. Löse zunächst einmal die weiteren Blätter mit einem Bleistift, damit du falsche Antworten verbessern kannst.
Suche in Büchern nach Wörtern, die großgeschrieben sind, und schau genau hin, ob es normale Namenwörter oder ob es Zeit- oder Eigenschaftswörter sind, die als Namenwörter verwendet werden. Auch das Schreiben von Briefen oder Postkarten hilft dir – und dem Empfänger macht es Freude. Wenn du täglich ein bisschen übst, wirst du bald besser rechtschreiben können. Du kannst mit den kleinen Lerndrachen üben, wenn du magst: z. B. mit dem Übungsheft Rechtschreiben, Heft 1, 4. Schuljahr.

Blatt 7
2. Erzählung, während, Schädel, merken, Gärtner, Gelenk, Kränze

Blatt 8
2. Hand, Welt, Mond, Wald, weit, Kind, wild, kalt

Blatt 9
2. a) Buch, b) Fliederbusch, c) rauscht, d) rauchen, e) Kirschbaum (**2 P**)

Blatt 10
2. fallen, fort, vorspringen, viel oder fiel, filmen, verschieben, flink

Blatt 11
2. der Mais, das Bein, das Waisenkind, die Geigensaite (**2 P**), der Stein, der Haifisch

Blatt 12
1. November, Vera, Veranda, Vulkan, Vesuv, Villen, Vesuvs
2. Wüste, Vase, Klavier, Wagen, Ventil (**2 P**), Witz, Sklave (**2 P**), violett

Blatt 13
2. die Zange, das Getränk, angeln, der Winkel, der Finger, krank

Blatt 14
2. enthüllen, beenden, entgleisen, endgültig, enttäuschen, unendlich

Blatt 15
1. sechs, Tricks, Experten, Explosionen, extra, Kekse
2. unterwegs, Klecks, links, Fuchs, mixen, wechseln, Praxis

Blatt 16

2. Leuchter, Sträucher, freundlich, Gemäuer, Freude, äußerlich (**2 P**)

Blatt 17

2. Quecksilber (**2 P**), quadratisch, quaken, Qualle, quietschen, Quelle

Blatt 18

2. taub, Obst (**2 P**), siebzig, lieb, plump (**2 P**), hübsch, halb

Blatt 19

2. sie liegt, das Licht, er fragt, die Fracht, die Nacht, es nagt, ganz sacht (**2 P**), sie sagt

Blatt 20

2. unterstreichen: Strophe, Alphabet, Pharao, Asphalt

Blatt 21

2. Birke, Orgel, stark, nirgends, Ferkel, besorgen, Zwerg, Markt

Blatt 22

2. windig, herrlich oder herrisch, eigentlich, sonnig, englisch, wöchentlich, gewaltig

Blatt 23

2. grün unterstreichen: stattgeben, Werkstatt, Raststätte, stattlich, Ruhestatt

Auswertung für den Bereich „Schwierige und ähnliche Laute“ (Blätter 7 bis 23)

Trage hier deine Punkte ein. Zähle sie zusammen, und schau nach, wie gut du bist!

Blatt 7: _____	Blatt 12: _____	Blatt 16: _____	Blatt 20: _____
Blatt 8: _____	Blatt 13: _____	Blatt 17: _____	Blatt 21: _____
Blatt 9: _____	Blatt 14: _____	Blatt 18: _____	Blatt 22: _____
Blatt 10: _____	Blatt 15: _____	Blatt 19: _____	Blatt 23: _____
Blatt 11: _____			

Von insgesamt **208** Punkten habe ich _____ erreicht.

208 bis 188 Punkte:
Wunderbar! Da kannst du dir wirklich auf die Schultern klopfen. Du bist schon Spitze und ein Experte für das Schreiben von schwierigen Lauten.

187 bis 148 Punkte:
Fein, wie du das gemacht hast! Du kannst es bestimmt noch besser, oder? Vielleicht warst du ein wenig ungeduldig und hast zu schnell gearbeitet? Schau dir in den nächsten Tagen noch einmal die Stellen an, an denen du falsch geantwortet hast. Du kannst z. B. Wörter mit dem entsprechenden Laut im Wörterbuch suchen und aufschreiben. Oder du lässt dir diese Wörter nennen und buchstabierst sie. Lies besonders deutlich und sprich halblaut vor dich hin, wenn du schwierige Wörter schreibst.

weniger als 148 Punkte:
Das war nicht einfach, nicht wahr? Lies die Wörter, bei denen du Fehler gemacht hast, noch einmal laut und deutlich. Dann lass sie dir diktieren. Oder du lässt sie dir nennen und buchstabierst sie dann. Übe jeden Tag mit wenigen Wörtern, aber übe regelmäßig. 10 bis 15 Minuten pro Tag reichen. Du kannst das mit den kleinen Lerndrachen tun, z. B. mit den Übungsheften Diktat 4. Schuljahr oder Rechtschreiben 4. Schuljahr.
Schau dir die Wörter an, die du dir mithilfe von Regeln merken kannst. Z. B.: Wörter mit *qu* oder *end / ent*. Wenn du einen Laut in Wörtern nicht richtig gehört hast, übe diese Wörter besonders, z. B. als Diktat oder laute Leseübung. Richtig hören und verstehen macht es leichter. Wenn du damit große Probleme hast, sprich mit deiner Lehrerin oder deinem Lehrer darüber.

Blatt 24
2. gießen, gegossen (**2 P**), sie weiß, gewusst (**2 P**), sie reißt, gerissen (**2 P**)

Blatt 25
2. a) Ich weiß, dass es morgen regnen wird. b) Glaubst du, dass (**2 P**) du das (**2 P**) Kind dort kennst?

Blatt 26
2. er tröstet, sie nascht, er pustet, sie wäscht

Blatt 27
2. Ergebnis, Globus (**2 P**), Hindernis, Krokus (**2 P**), Zeugnis, Zirkus, Omnibus (**2 P**)

Auswertung für den Bereich „Wörter mit s-Lauten“ (Blätter 24 bis 27)

Trage hier deine Punkte ein. Zähle sie zusammen, und schau nach, wie gut du bist!

Blatt 24: _____ Blatt 25: _____ Blatt 26: _____ Blatt 27: _____

Von insgesamt **48** Punkten habe ich _____ erreicht.

48 bis 44 Punkte:
Ja wirklich, das ist Spitze! Denn Wörter mit *s*, *ss* oder *ß* sind nicht leicht zu schreiben. Die kleinen Lerndrachen gratulieren dir!

43 bis 34 Punkte:
Nicht schlecht! Du kannst zufrieden sein mit dir. Aber überlege trotzdem: Hast du nur Flüchtigkeitsfehler gemacht oder hast du etwas nicht verstanden? Nimm dir die Wörter, die du falsch geschrieben hast, noch einmal vor, und lass sie dir diktieren. Überprüfe, ob du lange und kurze Selbstlaute schnell und gut unterscheiden kannst. Das ist entscheidend für den *s*-Laut, der nach ihnen steht. Merke dir die Regel, die uns sagt, wann welcher *s*-Laut geschrieben wird!

weniger als 34 Punkte:
Das hat noch nicht so gut geklappt, wie du eigentlich wolltest, stimmt's? Aber keine Bange, mit regelmäßigem Üben (pro Tag etwa 10 bis 15 Minuten) wirst du bald besser werden! Schau dir noch einmal genau an, wann *s*, *ß* und wann *ss* geschrieben wird. Übe Wörter mit diesen Lauten mit dem Karteikasten. Sprich sie beim Schreiben halblaut vor dich hin, damit du besser erkennen kannst, ob es sich um ein gezischtes oder ein gesummtes *s* handelt. Dazu ist es auch wichtig, dass du dich noch einmal mit kurzen und langen Selbstlauten beschäftigst, denn die Regel sagt dir, welcher *s*-Laut jeweils danach steht. Zeichne einen Punkt unter die kurzen und einen Strich unter die langen Selbstlaute. Zur Abwechslung kannst du die Wörter, die du übst, auch mit dem Finger in die Luft, auf deinen Arm oder jemandem auf den Rücken schreiben. Oder du übst mit den kleinen Lerndrachen, z. B. mit dem Übungsheft Diktat 4. Schuljahr.

Blatt 28
2. a) ihm, b) schief, c) ihr, d) Lies, Brief

Blatt 29
2. Im Text gibt es sechs Wörter mit lang gesprochenem *i* (kein *ie*!): Igel, Kaninchen, Tiger, Krokodile, Säbelzahntiger, prima

Blatt 30
1. Aachen, Schnee, Blumenbeete, Boote, Schneelandschaft, Tee
2. a) Waage (**2 P**), b) Zoo, c) leer

Blatt 31
2. Schwan, Armlehne, Jahr, bequem (**2 P**), kehren, vorsagen, Banane, Auswahl, Rückweg, Kahn

Blatt 32
2. Nordpol (**2 P**), Zuckerrohr, Stuhl, Turmuhr, Unterhose, Blumenkohl, Kugel, Klatschmohn, Blume

Blatt 33
1. Segelschiff, Meereswellen, herrliches, Wetter, Mutter, Überraschung, Sollten, Waffeln
2. Topfgriffe, Bälle, Kofferdeckel, Löffel, füttern, Quelle, Gitarre, Butter

Blatt 34

2. das Wappen, der Beginn, der Sommer, die Klappe, trennen, schwimmen

Blatt 35

2. Katze, ganz, Witze, Kerze, Hitze, Pelz, beschützen, Brennholz

Blatt 36

2. Heuschrecke, Diktat (**2 P**), Zeichenblock, Rektor (**2 P**), Doktor (**2 P**), Tischdecke

Auswertung für den Bereich „Dehnung und Schärfung“ (Blätter 28 bis 36)

Trage hier deine Punkte ein. Zähle sie zusammen, und schau nach, wie gut du bist!

Blatt 28: _____	Blatt 31: _____	Blatt 33: _____	Blatt 35: _____
Blatt 29: _____	Blatt 32: _____	Blatt 34: _____	Blatt 36: _____
Blatt 30: _____			

Von insgesamt **116** Punkten habe ich  erreicht.

116 bis 105 Punkte:
Hurra! Das ist ja Klasse! Hattest du viel geübt, oder hat es gleich auf Anhieb so geklappt? Mach weiter so!

104 bis 82 Punkte:
Das hat doch ganz gut geklappt, fein! Freust du dich darüber, oder denkst du, du hättest es noch besser machen können? Schau dir noch einmal die Wörter an, die du falsch geschrieben hast. Wenn du sie dir nach einem weiteren Diktierversuch immer noch nicht merken kannst, übe sie mit dem Karteikasten (siehe Rückseite von Blatt 11). Oder setze dich mit einer Freundin oder einem Freund zusammen. Sucht Wörter aus dem Wörterbuch, die ihr euch gegenseitig diktiert. Ihr könnt auch so vorgehen, dass der andere nur sagt, ob das Wort mit oder ohne *h*, mit *ie* oder *ih* oder mit einem doppelten Mitlaut usw. geschrieben wird. Wer das meiste richtig hat, darf vorschlagen, was ihr danach spielen wollt.

weniger als 82 Punkte:
Du hast tapfer durchgehalten. Gut! Schau dir noch einmal genau an, welche Fehler du gemacht hast. War es bei den langen Selbstlauten, bei den Wörtern mit Dehnungs-*h*? Schau noch einmal auf der Rückseite von Blatt 31 nach, vor welchen Buchstaben das Dehnungs-*h* am häufigsten vorkommt. Versuche dir das zu merken. Wörter mit doppelten Selbstlauten *(aa, ee, oo)* lernst du am besten einfach auswendig. Merke dir auch, dass es viele Wörter mit *ck* gibt, denn fast immer, wenn der Selbstlaut davor kurz gesprochen wird, schreiben wir ein *ck*. Schau auch noch einmal nach, nach welchen Buchstaben das *tz* steht. Wenn du dir das merken kannst, wirst du hierbei keine Fehler mehr machen. Schreibe die Wörter, die du falsch geschrieben hast, so groß wie möglich auf alte Tapetenrollen oder mit dem großen Zeh auf den Boden. Oder du übst täglich 10 bis 15 Minuten mit den kleinen Lerndrachen: z.B. mit den Übungsheften Diktat 4. Schuljahr oder Rechtschreiben, Heft 1, 4. Schuljahr.

Blatt 37

1. müs-sen, Fut-ter, Blät-ter, Was-ser, kön-nen
2. Him-mel, Af-fe, Bag-ger, Step-pe

Blatt 38

1. Kat-zen, meis-ten, set-zen, schar-fen, gu-te, wie-der, wa-gen, stau-nen
2. Res-te, win-zig, sin-gen, Töp-fe, lau-fen, put-zen, Blu-me, tan-zen

Blatt 39

1. zah-me, ih-ren, ih-re, ah-nen
2. Zah-len, Zäh-ne, Foh-len, Leh-rer, boh-ren, Hüh-ner, steh-len, Uh-ren

Blatt 40

1. di-cke, Kir-schen, Bü-chern, reich-te, ma-chen, schmü-cken, Holz-stü-cke, Mu-scheln, steck-ten
2. *ch*, *ck* und *sch* sind jeweils ein Laut. Sie bleiben daher immer zusammen.

Blatt 41

2. a) Lisa, Maria, Alex, David und Max gehen schwimmen. b) Sie tragen lila, braune, grüne und schwarze Badekleidung. (Kein Komma vor „und" ergibt auch **1 P**):

Blatt 42

a) Ausrufezeichen (**2 P**), b) Fragezeichen, c) Punkt, d) Fragezeichen, e) Ausrufezeichen (Punkt ist auch möglich), f) Fragezeichen, g) Ausrufezeichen (**2 P**), h) Fragezeichen, i) Ausrufezeichen (**2 P**), j) Punkt

Blatt 43

(Pro Satz **1 P**, wenn alle Satzzeichen richtig gesetzt wurden.) „Die Wolken werden immer dunkler", stellt Paul fest. „Ob es gleich ein Gewitter gibt?", fragt Uta. „Ist das gefährlich?", fragt Daniel. „Oh, schau, es hat geblitzt!", ruft Kai. „Wo sollen wir uns denn unterstellen?", fragt Anne. „Ich habe Angst", stellt Hanno fest. „Du brauchst nicht bange sein", tröstet Jan. „Wir warten dort in dem Wirtshaus, bis das Gewitter vorüber ist", sagt Vater. „Tolle Idee!", ruft Emil.

Auswertung für den Bereich „Worttrennung und Zeichensetzung“ (Blätter 37 bis 43)

Trage hier deine Punkte ein. Zähle sie zusammen, und schau nach, wie gut du bist!

Blatt 37: _____ Blatt 39: _____ Blatt 41: _____ Blatt 43: _____

Blatt 38: _____ Blatt 40: _____ Blatt 42: _____

Von insgesamt **80** Punkten habe ich ______ erreicht.

80 bis 73 Punkte:
Wirklich gut! Herzlichen Glückwunsch, du kannst dich freuen. Das ist wirklich eine gute Leistung!

72 bis 57 Punkte:
Das hast du gut gemacht. Wenn du noch besser werden möchtest, schau dir die Regeln zur Worttrennung an, falls du dort Fehler gemacht hast. Wenn du bei der Zeichensetzung Fehler hast, schau auch hier nach, welche Regeln gelten. Präge sie dir gut ein. Dann kannst du sicher fehlerfrei Wörter trennen und die richtigen Zeichen setzen.

weniger als 57 Punkte:
Dir ist dieser Teil recht schwergefallen. Aber du hast geduldig die Aufgaben gelöst, prima! Nun schau dir die Übungen noch einmal genau an. Bestimmt findest du heraus, dass die Worttrennung nach bestimmten Regeln erfolgt. Schau dir entsprechende Übungen in deinem Sprachbuch an. Mach dir noch einmal klar, wann du welche Regel anwenden musst. Bei der Zeichensetzung ist es ganz ähnlich. Regeln sagen dir genau, was zu tun ist. Versuche, dir diese zu merken, und lass dir kurze Sätze aufschreiben, in denen du die Satz- oder Redezeichen ergänzt.

Gesamtauswertung für den Testblock „Diktat 4. Schuljahr“

524 bis 473 Punkte:
Das hast du wirklich prima gemacht. Herzlichen Glückwunsch! Du hast die Regeln im Kopf, und du kannst sie sicher anwenden. Die Laute, die du hörst, kannst du schnell und sicher in Schrift umsetzen. Super!

472 bis 372 Punkte:
Fein – du hast vieles richtig gemacht! Wenn du jeden Tag ein wenig übst, kannst du bald noch besser werden. 5 bis 10 Minuten pro Tag genügen oder auch drei bis fünf Wörter. Lass sie dir diktieren oder nur vorsagen, und buchstabiere sie dann. Oder lass dir Sätze nennen, die du dann mit Satz- oder Redezeichen wiederholst. Konzentriere dich gut, und überlege genau. Ganz bestimmt wirst du durch regelmäßiges Üben noch sicherer werden!

weniger als 372 Punkte:
Richtiges Schreiben bereitet dir oft noch Mühe. Aber nur Mut – das kannst du durch regelmäßiges Üben ändern! Übe jeden Tag, aber nicht zu viel, 10 bis 15 Minuten reichen. Du solltest niemals ähnliche Sachen hintereinander üben, z.B. Wörter mit *eu* und Wörter mit *äu*. Das bringt dich nur durcheinander. Lass ein paar Tage dazwischen vergehen. Achte beim Üben auf Abwechslung. Schreibe mal mit dem Bleistift, mal mit einem Bunt- oder Filzstift. Oder du schreibst mit dem Finger auf den Tisch, den Boden, das Bein, den Arm, den Rücken. Du kannst mündlich üben, indem du die Wörter, die dir jemand sagt, buchstabierst oder sagst, ob der Selbstlaut kurz oder lang gesprochen wird. Dann weißt du meistens sofort, ob du ein *ck*, ein *tz*, einen Doppelmitlaut usw. schreiben musst oder nicht. Vergiss auch nicht, dich viel zu bewegen, zu laufen, springen, turnen usw. Das tut gut! Weniger gut wäre es, gleich nach dem Lernen Fernsehen zu schauen oder am Computer zu spielen. Das dabei Gesehene und Gehörte kann dein eben Gelerntes überdecken, und du vergisst dann möglicherweise wieder viel davon.

Wenn du gern weiter mit den kleinen Lerndrachen üben möchtest, sind diese Übungshefte genau richtig für dich: „Rechtschreiben (Heft 1) 4. Schuljahr“, „Diktat 4. Schuljahr“, „100 Diktate 4. Schuljahr“ oder „Das große Trainingsbuch Deutsch 4. Schuljahr. Alles für den Übergang auf weiterführende Schulen“.